ASSOCIATION FRATERNELLE

DES

OUVRIERS CORDONNIERS

DE BAR-SUR-ORNAIN.

Fondée le 23 Février 1850.

ASSOCIATION FRATERNELLE

DES

OUVRIERS CORDONNIERS

DE BAR-SUR-ORNAIN.

Fondée le 23 Février 1850.

Pardevant M. Hippolyte-Alfred LEGER et son collègue, notaires à la résidence de Bar-le-Duc (Meuse), soussignés,

Ont comparu :

Lucien LIGIER ;
Réné-Emile-Constant ROUZÉ ;
Casimir MONTARDIER ;
Et Modeste SIMON.

Tous quatre cordonniers-bottiers, demeurant à Bar-le-Duc ;

Lesquels, dans le but d'obtenir pour eux et pour le plus grand nombre possible de leurs frères, par les bienfaits de l'Association, les résultats suivans :

1° Travail assuré ;

2° Totalité des bénéfices de leur profession, par suite, augmentation des gains sans augmentation du prix de vente ;

3° Secours en cas de chômage possible et de maladie ;

4° Honneurs funèbres assurés.

1850

Et pour créer à cet effet, comme instrument de travail perpétuellement à la disposition d'ouvriers de leur état, un capital social impartageable, qu'une autre Association semblable à la présente pourra reprendre indéfiniment en cas d'extinction de la Société primitive ou subséquente,

Forment entr'eux et les sociétaires à venir, l'Association suivante, en prenant pour devise :

MORALITÉ,
AMOUR DU TRAVAIL,
ORDRE,
PHILANTROPIE.

ARTICLE PREMIER.

Il est formé entre les susnommés et les sociétaires qui seront admis par la suite conformément aux statuts qui vont suivre, une Société commerciale en nom collectif.

Son objet est l'entreprise de tous les travaux concernant la chaussure d'homme et de femme.

Sa durée est illimitée comme le nombre de ses membres.

Elle ne pourra être dissoute, de convention la plus expresse, que du consentement de tous les associés sans exception.

Le décès de l'un ou de plusieurs d'entr'eux, leur sortie de la société, leur exclusion ou toute autre cause de quelque nature que ce soit, ne pourront entraîner cette dissolution.

Cette Société sera désignée sous le nom D'ASSOCIATION FRATERNELLE DES OUVRIERS CORDONNIERS-BOTTIERS DE BAR-LE-DUC.

Elle aura pour siége le lieu où elle excercera son industrie en la ville de Bar-le-Duc.

Administration.

ART. 2.

L'association est administrée par une commission de

— 3 —

gérance, composée de trois délégués responsables
choisis dans son sein et agissant sous l'autorité d'une
commission de surveillance de cinq membres également pris dans son sein.

ART. 3.

Les membres de ce conseil de gérance ne pourront
être choisis que parmi les associés fondateurs qui sont
les comparans, tant qu'il en restera un nombre suffisant dans la société pour le composer, ceux qui resteront ensuite, en feront toujours partie de droit.

ART. 4.

Les délégués responsables, ou conseil de gérance,
dirigent les affaires de la société.

Ils font toutes les opérations suivant la stricte exécution du réglement et des engagemens contractés ;
ordonnent l'achat de tout ce qui est nécessaire à l'Association ; acceptent ou refusent les commissions et
commandes qui leurs sont faites, nomment, révoquent, augmentent ou diminuent le personnel de l'administration, suivant la nécessité ; mais ils ne peuvent
confier qu'à des sociétaires les travaux à exécuter ou
les fonctions à remplir.

Ils ne relèvent que de l'assemblée générale à laquelle
ils rendent compte de leur gestion, si ce n'est dans les
cas prévus par les articles 2 et 6, qui les soumettent
aussi au conseil de surveillance.

L'assemblée générale a seule le droit de les révoquer.

ART. 5.

La signature sociale appartient aux trois membres de
la commission de gérance.

Elle doit être simultanée et ne s'employer que dans
l'intérêt et pour l'objet social.

Néanmoins, le conseil de gérance pourra déléguer
par écrit, à celui de ses membres qu'il choisira, les
pouvoirs résultant du présent article.

La signature du membre ainsi délégué obligera la Société.

ART. 6.

Les délégués auront toute liberté d'action, afin d'éviter des entraves à l'accomplissement du mandat qui leur est confié, cependant ils devront donner connaissance de toutes leurs opérations, sans exception, à la commission de surveillance et décliner les motifs de celles qui auraient été contrôlées par cette commission à l'assemblée générale qui statuera sur les faits signalés.

Le conseil de gérance est chargé de statuer sur toutes les questions de confection prévues par l'art. 16 et les suivans.

ART. 7.

La commission de surveillance se réunira tous les mois régulièrement au siége de la Société.

ART. 8.

Les membres composant les deux commissions de gérance et de surveillance seront nommés pour une année, en assemblée générale et indéfiniment rééligibles.

Les membres de ces commissions, à l'exception du gérant ne seront pas rémunérés.

Ils devront, pour être éligibles, avoir vingt-cinq ans.

Deux membres d'une même famille jusqu'au degré de cousin-issu-de-germains, inclusivement, ne pourront simultanément faire partie de la commission de surveillance.

Tout candidat à ces fonctions ne peut y être admis que s'il a terminé son noviciat et se trouve au pair de ses cotisations.

Les sociétaires employés de la Société ne peuvent faire partie de la commission de surveillance.

La commission de surveillance, nomme un président, un vice-président, un secrétaire et un vice-secrétaire, parmi ses membres.

Ce bureau est celui des assemblées générales.

Le président doit rendre compte, après vérification, des recettes et dépenses de la Société, du résultat de ce travail.

Il pose les questions et les met aux voix, prononce les décisions et maintient l'ordre dans les assemblées qu'il préside.

Il signe les procès-verbaux conjointement avec le secrétaire.

ART. 9.

La commission de surveillance contrôle et vérifie tous les comptes en général, ainsi que les inventaires.

Elle contrôle également l'emploi des marchandises de toute nature et doit le faire avec le plus grand soin.

Lors des inventaires, elle doit se transporter partout où se trouvent des valeurs de la Société, afin de s'assurer si toutes les opérations et tous les travaux se font avec l'ordre et le soin qui constitue une bonne administration.

ART. 10.

En raison de la nécessité de centraliser les opérations financières, la caisse restera constamment au siége de l'Association ; elle sera fermée par trois serrures différentes, chacun des délégués de la gérance aura la clé de l'une de ces serrures.

Une somme suffisante pour les besoins journaliers, restera constamment entre les mains du gérant délégué, ci-après mentionné, comme fonds de roulement, cette somme sera fixée par les délégués.

ART. 11.

Parmi les délégués composant la commission de gérance, il sera choisi un gérant.

Ce gérant sera chargé de l'exécution des résolutions prises par cette commission, de la tenue des écritures de la Société, des dépenses prévues par l'article 10 qui précède; il pourra de plus remplir les fonctions de coupeur et devra, en ce cas, suivre les prescriptions contenues aux deux avant-derniers alinéas de l'article 17, ci-après ; il recevra les cotisations mensuelles.

Il présentera tous les mois, à la commission de gérance et aux sociétaires qui voudraient en prendre connaissance , l'état de situation de la Société.

Il sera le dépositaire de toutes les pièces concernant les affaires de la Société.

Dans le cas où les fonctions conférées au gérant par les dispositions qui précèdent, n'occuperaient pas entièrement sa journée, il la complétera par un travail de confection quelconque.

Il devra connaître la tenue des livres ,

Et la confection de chaussures pour homme aussi bien que celles pour femme.

Il pourra lui être adjoint un ou plusieurs employés, selon le développement que prendront les affaires de la Société.

Ces employés, seront sous sa direction.

Il sera chargé de traiter des conditions de leur engagement.

L'assemblée générale , sur la proposition des délégués du conseil de gérance, fixera le taux des appointemens du gérant et de tous les employés de l'administration.

En échange des émolumens à eux accordés, le gérant et les dits employés devront apporter tous leurs soins dans l'accomplissement de leurs fonctions, qui ne pourront devenir pour eux la source d'aucun autre bénéfice ou d'aucune faveur quelconque.

Toutes les remises résultant des achats faits au comptant, revenant de droit à la Société , quiconque des sociétaires qui aurait détourné ces remises, où aurait reçu une prime ou un présent , à l'occasion des traités faits pour elle, serait exclu de la Société.

Admissions.

ART. 12.

A mesure de l'extention des travaux et affaires de la Société, elle admettra de nouveaux membres.

Toute demande d'admission, devra être présentée au conseil de gérance, qui s'éclairera sur l'aspirant.

L'admission provisoire sera prononcée par l'assemblée générale, convoquée à cet effet.

Pour prévenir les dangers d'une admission précipitée, les aspirans sociétaires devront faire un noviciat de six mois.

L'admission définitive ne sera prononcée par l'assemblée générale, qu'autant que l'aspirant présentera, toutes les garanties désirables, sous le rapport de la moralité, de l'amour du travail, de l'esprit d'ordre et de la bonne conduite, et qu'il aura terminé son noviciat.

L'associé admis provisoirement sera tenu de verser pour son admission une somme d'un franc vingt-cinq centimes, en échange de laquelle, il recevra un exemplaire des présents statuts.

L'associé admis pendant le cours de la Société, ne pourra prétendre à aucune part dans les bénéfices acquis au moment de son admission.

Il n'aura de droits dans la Société, qu'à partir du premier inventaire sémestriel qui suivra l'époque de son admission définitive.

Capital et apports sociaux.

ART. 13.

Le Capital social se compose des instrumens, des meubles, marchandises en magasin confectionnées ou non, du fonds de réserve pour secours en cas de chômage, ci-après établi, et du capital en espèces, créances ou autres valeurs.

Ce capital ne pourra jamais être partagé, ni licité,

entre les sociétaires qui le destinent à servir perpétuellement d'instrument de travail à la Société présentement formée et à celles qui pourront lui succéder
si elle venait à s'éteindre, ainsi qu'il est exprimé au
préambule.

Il appartient à la Société, abstraction faite des sor-
ties, exclusions ou décès des Membres de la Société,
et de l'admission de sociétaires nouveaux.

ART. 14.

L'apport de chaque associé consiste dans :

1° Ses connaissances et son travail ;

2° Et le montant des retenues qui seront exercées
sur sa part dans les bénéfices.

Fonds de réserve pour le cas de chômage.

ART. 15.

Pour parer aux conséquences du chômage il est
établi un fonds de réserve qui sera formé par des cotisations mensuelles.

La cotisation mensuelle, pour chaque sociétaire,
est fixée à un franc trente-cinq centimes.

Cette somme sera retenue sur les salaires.

Elle sera employée à fournir un secours d'un franc
par jour à chaque sociétaire définitif auquel l'administration de la Société n'aura pas pu procurer de
travail.

Le sociétaire, ainsi privé d'ouvrage, devra se pré-
senter chaque jour au siége de la Société, sous peine
de perdre son droit à la dite indemnité.

Conditions du Travail.

ART. 16.

L'Association présentement formée ayant pour but
principal de procurer du travail à chacun de ses membres inoccupés, il est ouvert par la Société, en outre

de l'atelier de travail fait sur commande, un Magasin de confection en tous genres, de chaussures d'homme et de femme.

L'actif que la Société va se procurer au moyen d'un emprunt déjà en voie de réalisation, servira à établir cette entreprise de confection à laquelle il sera donné une extension en rapport avec les besoins de travail des sociétaires à mesure que les ressources de la Société le permettront.

ART. 17.

Pour éviter toutes difficultés au sujet du travail en général, des modèles des différens genres de chaussures seront établis par le conseil de gérance, ces modèles seront cotés en chiffres connus pour la valeur de leur confection, d'après le tarif qui sera adopté par ce conseil.

Les salaires ne pourront jamais, de convention la plus expresse, dépasser de plus d'un cinquième ceux accordés en terme moyen aux ouvriers de la même partie dans les ateliers particuliers de la localité.

Cette condition fondamentale a pour but d'assurer, par la réalisation des bénéfices ci-après prévus, l'accroissement et la conservation du capital social.

Le conseil de gérance, chargé de vérifier l'ouvrage fait par chaque sociétaire, ne pourra exiger, pour le prix convenu, une confection plus finie que celle du modèle correspondant à ce prix.

Tout sociétaire dont l'ouvrage ne sera pas égal pour le degré de perfection de la confection à celui du modèle correspondant au prix convenu avec lui, devra accepter de l'ouvrage d'un prix inférieur ou d'un autre genre.

Tout travailleur qui exécuterait mal l'ouvrage à lui confié, subira une retenue proportionnée aux défauts de son travail.

Tout sociétaire qui livrera de l'ouvrage d'une confection défectueuse ou qui aura gâté la marchandise à lui confiée, perdra sa façon, paiera la marchandise ; en cas de refus de ce paiement, il lui en sera fait la rotenue sur les premières sommes qu'il aura à toucher de la Société.

Pour assurer la confection exacte de l'ouvrage confié à chaque sociétaire : un bulletin, portant l'indication de la commande faite par le coupeur délégué, le jour où l'ouvrage devra être rendu, ainsi que le prix, sera joint aux fournitures et le sociétaire sera tenu de le rapporter en livrant son ouvrage.

Un registre sera destiné à recevoir l'énonciation de l'ouvrage à confectionner, la date de sa remise entre les mains de celui qui est chargé de le faire, le numéro d'ordre du magasin et le prix convenu pour la façon, ainsi que le nom du sociétaire.

Lorsqu'un sociétaire livrera au coupeur de l'ouvrage mal confectionné, celui ci sera autorisé à ne pas payer la façon avant d'avoir soumis l'ouvrage au conseil de gérance.

ART. 18.

Les sociétaires prendront l'ouvrage au magasin par tour d'arrivée et selon leur spécialité ; l'excédant de l'ouvrage sera donné ensuite aux sociétaires dont le noviciat ne serait pas terminé, enfin aux ouvriers non sociétaires s'il y a lieu.

Les femmes et les enfans des sociétaires définitifs ou autres, devront avoir la préférence pour les travaux qui leurs sont spéciaux.

ART. 19.

Le coupeur délégué est autorisé à refuser de l'ouvrage à tout sociétaire dont le talent ne serait pas en rapport avec les prix indiqués.

Le sociétaire aura le droit d'en appeler aux délégués du conseil de gérance, qui décideront s'il est apte à obtenir le genre de travail qu'il réclame.

ART. 20.

Le sociétaire sans travail devra accepter l'ouvrage qui se présentera, si toutefois cet ouvrage est aux prix du tarif et selon sa partie.

Tout refus fait perdre le droit aux secours pour la journée.

Comme l'ouvrage que le sociétaire sera coutraint de prendre dans ce cas pourrait se trouver n'être pas rétribué selon sa capacité, cette circonstance ne pourra empêcher qu'il n'en obtienne, à son prix habituel, aussitôt que l'occasion se présentera.

ART. 21.

Tout sociétaire qui compromettrait les intérêts de la Société, en gardant outre mesure ou en confectionnant mal l'ouvrage qui lui aura été confié, sera réprimandé par les délégués; il en sera de même une deuxième fois en cas de récidive.

A la troisième infraction, l'article 36 lui sera applicable.

Cet article sera applicable sur-le-champ au sociétaire qui se serait fait allouer les secours mentionnés en l'article 15, sans être totalement privé d'ouvrage ou qui ferait confectionner par un autre l'ouvrage qu'il aurait déclaré prendre pour son compte.

Pour que la radiation prévue par le deuxième alinéa du présent article soit encourue, il sera nécessaire que les trois infractions aient été commises dans l'espace de six mois.

ART. 22.

Le sociétaire qui, après avoir gâté de l'ouvrage fourni par la Société, la quitterait sans payer la somme fixée pour le prix des fournitures, ne pourra rentrer dans l'Association sans, au préalable, avoir remboursé la valeur des dites fournitures avancées par la Société.

ART. 23.

La Société ne considère pas comme infraction dans

le sens des articles qui précèdent, les retards involontaires, les accidens imprévus arrivés à l'ouvrage, enfin tous les actes qui n'auraient pas pour moteur : la mauvaise foi, le dessein de nuire ou une mauvaise confection résultant de la persistance à exiger du travail trop rétribué pour le talent acquis.

ART. 24.

Les sociétaires livreront leur ouvrage, les jours ordinaires, de huit heures du matin à neuf heures du soir, et les dimanches et fêtes jusqu'à midi seulement.

Partage des bénéfices.

ART. 25.

Les bénéfices nets, après extinction du passif, seront partagés ainsi qu'il suit :

Les trois dixièmes de ces bénéfices formeront le fonds de réserve ou capital social. Le surplus, déduction faite du prélèvement ci-après stipulé, pour les secours en cas de maladie, sera distribué aux sociétaires par portion égales entre ceux qui auront terminé leur noviciat ; ceux qui n'auront point achevé ce noviciat n'auront aucun droit aux bénéfices.

Tant que le capital social n'aura pas atteint le chiffre de quatre mille francs en actif net, cinq dixièmes des bénéfices, au lieu de trois, seront consacrés à son accroissement.

Ce capital est dès à présent fixé à cette somme de quatre mille francs, non compris le fonds de réserve établi pour secours en cas de chômage, lequel devra toujours exister en sus. Il sera augmenté à mesure qu'augmentera le nombre des sociétaires, dans la proportion de mille francs par chaque associé, de sorte que pour vingt-cinq associés, par exemple, il sera de vingt-cinq mille francs.

Toutes les fois que le capital social sera complet,

la totalité des bénéfices sera partagée entre les sociétaires, sous la déduction seulement du prélèvement pour secours en cas de maladie.

Il ne pourra jamais rien être diminué, ni partagé, sur ce capital, qui devra toujours rester au chiffre une fois atteint, quand même le nombre des sociétaires, étant diminué, ne se trouverait plus en proportion avec ce chiffre.

Les bénéfices consistent dans l'excédent de l'actif autre que le capital social sur le passif de la Société; ils comprennent les revenus du capital social.

La partie de ce capital qui ne serait pas utile au mouvement des affaires de la Société serait placée, soit en rentes sur l'État, soit dans une maison de banque, soit sur hypothèque.

ART. 25 (bis.)

Avant le partage de la portion des bénéfices à répartir entre les associés, il sera prélevé sur cette portion une somme suffisante pour venir au secours des associés, en cas de maladie, qui ne serait pas le résultat de la volonté ou des vices de l'associé. Dans le cas où le fonds produit par les cotisations mensuelles destinées à parer aux inconvéniens du chômage, excéderait visiblement les besoins de ce service, le conseil de gérance pourra prélever l'excédant de ce fonds pour subvenir en tout ou en partie aux secours qui viennent d'être prévus pour le cas de maladie.

Le conseil de gérance statuera souverainement sur le chiffre de ces secours et sur l'application en général du présent article et sur toutes les questions que feraient naître cette application.

Conséquences du décès et de la sortie des Sociétaires.

ART. 26.

Lors du décès d'un sociétaire, sa veuve, ses parens

ou amis en informeront immédiatement le gérant, qui fera faire les démarches nécessaires pour rendre au défunt les derniers devoirs.

L'inhumation sera aux frais de la Société, sans que ces frais cependant puissent dépasser une somme de quarante francs.

Elle se charge, en outre, de remettre une pareille somme de quarante francs à la veuve ou aux enfans mineurs et légitimes ou naturels reconnus de l'associé.

ART. 27.

Tout associé qui décédera faisant encore partie de l'Association, ou qui en sera exclu, aura droit aux bénéfices de la Société non capitalisés, acquis au jour de son décès ou de son exclusion.

ART. 28.

Tout sociétaire qui quittera volontairement la Société, sans motif valable apprécié par le conseil de gérance, perdra son droit aux bénéfices acquis depuis le dernier inventaire.

ART. 29.

Le sociétaire décédé, exclu ou qui se retirera volontairement, n'aura aucun droit sur le capital social.

Assemblées générales.

ART. 30.

Les sociétaires se réuniront en assemblée générale tous les six mois.

En outre de ces séances ordinaires, l'Assemblée générale pourra se réunir en séance extraordinaire toutes les fois que les membres de la commission de gérance et de celle de surveillance le jugeront convenable.

Les réunions seront convoquées par le gérant.

ART. 31.

Nulle personne étrangère à l'Association ne sera admis dans le lieu des séances pendant leur durée.

ART. 32.

Tout membre de l'Association , quelles que soient ses attributions, en séance, qui se porterait à des excès , soit en paroles , ou par des voies de fait, ou qui chercherait à détruire la bonne harmonie entre les sociétaires par des insinuations malveillantes , ou par des actes, sera , après délibération , exclu de la Société.

ART. 33.

Chaque sociétaire n'aura qu'une voix , quelles que soient ses attributions.

ART. 34.

Les assemblées générales auront pour objet principal d'entendre le rapport du gérant , des délégués , de la commission de gérance et des membres de la commission de surveillance, sur la situation de la Société.

Dispositions générales.

ART. 35.

Pour éviter tout prétexte à l'inobservation des dispositions présentement arrêtées, chaque sociétaire possédera un exemplaire du présent acte.

Il sera joint à cet exemplaire des feuillets blancs pour y inscrire les sommes qu'il aura pu verser dans la caisse de la Société pour ses cotisations mensuelles.

Ce cahier portera le numéro d'ordre du sociétaire.

ART. 36.

Les membres de la Société , convaincus de s'être rendus coupables, soit au siége de l'Association , soit au dehors, de faits de nature à compromettre l'ordre et la moralité de la Société, seraient, après décision de l'assemblée générale, irrévocablement rayés.

ART. 37.

Les délégués pour les cas d'infraction au réglement, et le gérant, pour défaut de paiement des cotisations, pourront prononcer la radiation de tout sociétaire du nombre des membres de la Société.

Ces radiations ne seront que provisoires.

Elles devront, pour devenir définitives, être sanctionnées par l'assemblée générale

ART. 38.

A l'assemblée générale seule appartient le droit de révocation des délégués.

Ces révocations ne pourront être prononcées qu'à la majorité de moitié plus un des membres de la Société.

ART. 39.

En cas d'urgence et pour assurer l'existence de la Société, les délégués pourront, en assemblée générale, faire un appel aux sociétaires, soit pour une cotisation volontaire, soit pour un versement d'une somme fixée par chaque sociétaire.

ART. 40.

Lorsqu'un sociétaire croira devoir adresser près les délégués ou de l'assemblée générale, des conseils, des observations ou des plaintes, il devra le faire par écrit.

Les délégués ou l'assemblée générale y feront droit immédiatement.

ART. 41.

Les fonds de la caisse ne pourront, dans aucun cas, être employés à une destination autre que celle indiquée par le réglement.

Dispositions spéciales.

Les comparans, *fondateurs de la Société*, ne pourront en être exclus et radiés que pour cause d'improbité appréciée par l'assemblée générale.

Les héritiers d'un sociétaire, ses créanciers ou autre ayant-cause ne pourront requérir aucune apposition de scellés sur les biens de la Société ni former contre elle des saisies ou appositions, en un mot ils ne pourront aucunement entraver la marche de la Société pour quelque cause et sous quelque prétexte que ce soit.

Tous les sociétaires admis, soit provisoirement, soit définitivement, souscriront par acte spécial l'engagement de se soumettre à toutes les clauses et obligations résultant des présens statuts.

Tant que le nombre des sociétaires ne sera pas suffisant pour permettre l'établissement du conseil de surveillance, le conseil de gérance administrera seul la Société.

Ce conseil, d'accord avec celui de surveillance établira, dès qu'il sera possible, un réglement d'ordre intérieur qui aura pour base les présens statuts.

Le Sociétaire qui s'enivrera sera condamné à trois francs d'amende par le conseil de gérance, sauf appel à l'assemblée générale.

Le Sociétaire auquel le vice de l'ivrognerie sera habituel, sera exclu de la Société dans les formes ci-devant prévues.

La paresse sera également une cause d'exclusion de la Société.

Révision des Statuts.

Si, à quelle qu'époque que ce soit, l'exécution des présens Statuts éprouvait des difficultés, résultant soit de leur rédaction, soit d'omissions, soit d'événemens imprévus et de force majeure, ils pourraient, mais dans ces cas seulement, être modifiés, en observant les formalités suivantes, sous peine de nullité :

1º A l'assemblée générale, convoquée spécialement à cet effet, tout sociétaire sera admis à proposer et à discuter les modifications et rectifications qui lui paraîtront utiles à la marche et à la prospérité de la Société.

2º Les articles qui devraient être modifiés seront indiqués aux Sociétaires, qui adopteront ou rejetteront, à la majorité des neuf dixièmes des votans les propositions qui auront été faites.

3º Le principe admis, il sera dressé procès-verbal des modifications, rectifications ou autres changemens à faire, et des principaux motifs qui auront déterminé le vote des associés.

4º Quinze jours après, une nouvelle réunion de tous les sociétaires aura lieu à l'effet de nommer, à la majorité absolue des votans, trois délégués qui seront chargés de faire rédiger, par-devant notaire, les changemens convenus.

5º Aussitôt ces changemens rédigés et publiés, suivant la loi, ils seront obligatoires pour tous les associés sans exception.

6º Enfin, toutes les mêmes formalités seront indispensables, soit pour rectifier de nouveau les statuts, soit pour modifier les rectifications qui viennent d'être prévues, et un délai d'une année sera nécessaire avant de pouvoir proposer aucune rectification. En d'autres termes, l'expérience d'une année au moins sera indispensable avant qu'aucun membre puisse, sous quelque prétexte que ce soit, être admis à proposer des rectifications quelconques aux présens statuts ou aux statuts rectifiés ultérieurement.

Pour l'exécution de tout ce qui précède, il est élu domicile au siège de la Société.

DONT ACTE ,

Fait et passé à Bar-le-Duc, en l'étude de Mᵉ LEGER,

L'an mil huit cent cinquante, le vingt-trois février,
Et lecture faite, les parties ont signé avec les notaires.

   « Enregistré à Bar-le-Duc, le vingt-six février 1850,
» fol. 169, recto case 1re, reçu cinq francs, décime :
» cinquante centimes. Je dis folio 169, recto case 8.
» (Signé.) CAMBRAY. »

Imprimerie de SUHAUX frères, rue Rousseau, 22, à Bar.